たったこれだけで世界が変わる

Onece a day

一日一回

中谷彰宏 著
AKIHIRO NAKATANI

まえがき

1

一日一回、テーマを持とう。

テーマは、スケジュールではありません。「今日、お客さんに会う」というのが、スケジュールです。「今日、『ありがとう』にひと言を添えよう」というのが、自分のテーマです。スケジュールは与えられますが、テーマは自由に作ることができるのです。

CONTENTS 目次

この本は、3人のために書きました

1 今日、ムシャクシャすることがあった人。

2 やりたいことはあるけど、なかなか始められない人。

3 ネガティブなことをしてしまって、後悔している人。

この本の使い方

1 一日一回、だけでも大丈夫です。もっとやっても、大丈夫です。

2 全部やらなくても、大丈夫です。全部やっても、大丈夫です。

3 「しなければならない義務」ではありません。したいことから、してみましょう。

2

一日一回、太陽の光を浴びよう。

建物の中で仕事をしていると、太陽に当たる機会をなくします。人工の光があるので、太陽の光を浴びてないことに、気づきません。太陽の光には、心に元気を与えるエネルギーがあります。雨の日は、雲の上の太陽を、思い浮かべましょう。

3

一日一回、
香りをかごう。

赤ちゃんは、香りで母親を認識します。情報化社会は、視覚情報に偏りすぎて、他の五感が退化していきます。認知症の初期症状は、香りがわからなくなることから、始まります。香りを嗅ぐことで、脳が活性化して、記憶力が高まります。

4

一日一回、手触りを味わおう。

沖縄で、イルカに触る体験をしました。想像していたより、しっかりした手応えがありました。猫の舌のザラザラ感は、動画を見ているだけではわかりません。ファッションにこだわりがある人は、素材の手触りに敏感になります。

5

一日一回、雲を見よう。

雲を見ると、刻々と形を変えていることが、わかります。動かないように見える雲が、見ているとすごいスピードで移動しています。「あいにくの、曇りだな」と思っても、雲の隙間から差す光に神々しさを感じます。雲の形から、何かを想像することで、想像力が刺激されます。

6

一日一回、階段を上がろう。

便利になれると、ついエスカレーターやエレベーターを探してしまいます。階段は、無料のフィットネスジムになります。無料のダイエットにもなります。階段を上がることで、自己肯定感が上がっていきます。「意外な出会い」があるかもしれません。

7

一日一回、緑を見よう。

緑は、心を癒やしてくれます。植物なんかないと思っているような都会の中でも、意外に緑はあります。森はなくても、植木鉢の緑でも、癒やされます。神社やお寺に緑があるのは、緑に癒やされています。

8

一日一回、自然の風に吹かれよう。

近代的な生活は、締め切った環境になります。風があっても、人工的な風です。風を排除することが、近代的生活でもありました。自然の風に触れることで、気分が変わります。

9

一日一回、窓を開けよう。

窓を開けると、室内と屋内を行き来することができました。暑い日も寒い日も、窓を開けることで、無限の空間を確保できました。高校の数学の先生は、行き詰まったら、「窓を開けなさい」と教えてくれました。窓を開けると、心の淀みが流れ去って、新鮮な空気が元気づけてくれます。

10

一日一回、子供と話そう。

子供と話すと、予想外のリアクションが返ってきます。いかにふだん、予定調和のぬるま湯につかっていたかに、気付かされます。忖度しない子供は、時に残酷に、本質を突きます。前提から覆される快感を味わえます。

11

一日一回、お年寄りと話そう。

お年寄りには、ネットの中では得られない生活の知恵があります。歴史では出てこない生々しい記憶がありま す。長く生き抜いてきた、したたかな根性がありま す。残り時間を充実して生きる真剣さがあります。

12

一日一回、深呼吸をしよう。

人間の身体には、自動的にリラックスする装置がついています。呼吸することで、人は自分の身体を解《ほぐ》しています。仕事に集中していると、最低限の呼吸しかしなくなります。無意識にできる呼吸を、意識してすることで、リラックスできます。

13

一日一回、鼻歌を歌おう。

恥ずかしがっていては、歌うことはできない。上手に歌おうとすると、自我が出しゃばってしまいます。鼻歌を歌っている時、自我を手放しています。ほめてもらうために歌わないところが、いいのです。

14

一日一回、行方不明になろう。

現代社会では、行方不明になることは、なかなか難しい。1分でもいいから、行方不明になることで、束縛から解放されます。みんなに見られることより、みんなに気づかれなくなることが、最高の贅沢なのです。

15

一日一回、好きな人のことを考えよう。

好きな人がいることは、幸せです。つきあっていなくても、いいのです。頭の中で想像する分には、無罪です。好きな人のことを考えている時、幸福感が湧いてきます。

16

一日一回、ハアハアしよう。

1日1回、ハアハアすることで、心肺機能が鍛えられます。体中の血が巡ることで、全身に新鮮な酸素と栄養が届けられます。心のモヤモヤが、押し流されます。あれっ？　何にモヤモヤしてたんだっけ。

17

一日一回、ドキドキしよう。

心配するくらいなら、ドキドキしましょう。ドキドキするような出来事は、避けようと思えば、避けることができます。歳をとるほど、ドキドキする体験から遠ざかっていきます。自ら進んで、ドキドキする体験をしましょう。

一日一回、感謝しよう。

感謝するようなことをしてもらったから、感謝するのではありません。感謝するから、「嬉しいこと」をしてもらえるのです。「嬉しいこと」より、「感謝すること」のほうが、先にあるのです。

何もない時にこそ、感謝をしましょう。

19

一日一回、「いつもでないメニュー」を選ぼう。

だんだん「いつもの」ものを選ぶようになります。「いつもの人」と「いつもの店」の「いつもの席」で「いつものメニュー」を選んでいると、脳がお休み状態になってしまいます。新しい世界は、「いつもでないメニュー」の中にあります。

20

一日一回、「知らない人」に挨拶しよう。

知っている人にだけ、挨拶していても、出会いは広がりません。知らない人に挨拶しなくても、失礼にはなりません。知らない人に挨拶することで、出会いが生まれます。最初は、怪訝な顔をされても、気にせず挨拶しましょう。

21

一日一回、道を聞かれよう。

道を聞く人は、聞く相手を選んでいます。道を聞かれたら、オーディションに合格したということです。「いつでも、道を聞いて下さいオーラ」を出しましょう。詳しくなくてもいいのです。聞かれるだけで、テンションが上がります。

22

一日一回、大爆笑しよう。

ニヤニヤ笑いでは足りません。大爆笑してみましょう。給食の時間に、鼻から牛乳が出たくらいに、大爆笑しましょう。大爆笑することで、嫌なことは、吹っ飛びます。オナラが出たら、もうひと笑いできます。

23

一日一回、
思い出し笑いしよう。

最高の笑いは、思い出し笑いです。思い出し笑いは、何度思い出しても、笑えます。涙が出て、話せなくなります。いつでも、どこでもできるのが、思い出し笑いです。

24

一日一回、「ごぶさたの人」に連絡しよう。

ネット時代で、連絡することは、圧倒的に便利になりました。その反面、限られた人ばかりに連絡をするようになります。「ごぶさたの人」から連絡があることは、嬉しいものです。連絡がなかったのは、照れくさかったからだけなのです。

25

一日一回、
大絶賛しよう。

ほめるコツは、オーバーすぎるくらい大絶賛することです。好きだから大絶賛するのではありません。大絶賛することで、その人やその物を好きになります。大絶賛できている自分も、幸せなんだなと感じます。

26

一日一回、「いつもと違う道」を歩こう。

ミシュランガイドの覆面調査員は、同じ道を2回歩かないそうです。常に歩いたことがない道を歩きながら、新しいお店を見つけています。長年住んでいる近所にも、いまだに一度も歩いたことがない道があります。頭の地図が書き換えられる冒険は、近所でできるのです。

27

一日一回、迷子になろう。

大人になると、なかなか迷子にならなくなります。ならなくなるのではなく、なれなくなるのです。知らない道を選ぶと、迷子になります。何かに夢中になることで、迷子になることができるのです。

28

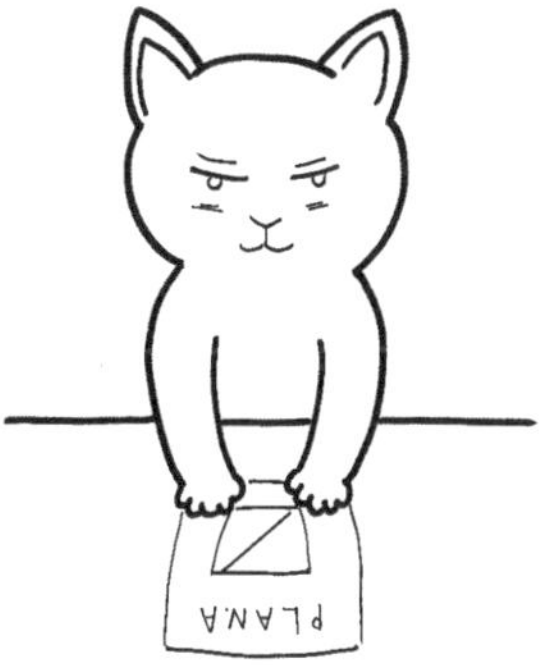

一日一回、小さな提案をしよう。

役職が上がってくると、提案する側から、提案を受ける側になります。自発から、受け身側になっていきます。受け身で選ぶ側にいるのは、つまらない。没になってもいいから、提案する側にいるほうが、ワクワクします。

29

一日一回、恥をかこう。

大人になると、恥をかかなくなります。恥を、かけなくなるのです。恥をかくような場を避けることもできるのです。それでも、恥をかくことで、人は成長していくのです。

30

一日一回、後悔しよう。

後悔は、しても構いません。「後悔したくないから」とチャレンジしなくなるよりマシです。「あの時、こうすればよかった」と、思い切り後悔することです。「今度は、こうしよう」と思うことで、次回が楽しみになります。

31

一日一回、
笑われよう。

「笑われること」を恐れていると、何もできません。笑われても、何の害もありません。「笑われてる気がする」というのが、ストレスになります。笑う人より、笑われる人が、幸せです。

32

一日一回、
叱られよう。

大人になると、叱られることが、なくなります。叱ってくれる人も、いなくなります。叱られている人は、叱られる人の気持ちがわかります。叱られている人は、成長し続けています。

33

一日一回、失敗しよう。

大人になると、失敗しなくなります。失敗しそうなチャレンジをしなくなります。失敗をなくす方法は、チャレンジをしないことです。失敗をしているということは、チャレンジをしているということです。

34

一日一回、お賽銭しよう。

お賽銭には、2通りあります。神社やお寺にするお賽銭と、それ以外の場所でするお賽銭です。「お釣りが間違って少なかった」というのは、神社やお寺以外のお賽銭です。「タクシーがいつもより高かった」というのも、お賽銭なのです。

35

一日一回、
謝ろう。

大人になると、謝る機会が少なくなります。謝られる側が、多くなります。謝る機会が減ってくると、謙虚な気持ちを忘れてしまいます。謝ることで、謙虚な気持ちが湧いてきます。

36

一日一回、写真を撮ってあげよう。

アパホテルの元谷拓専務は、秘書さんの写真を撮ってあげます。撮ってもらう人が増えて、撮ってあげる人が減りました。撮ってもらったら、「撮ってあげましょう」と言いましょう。写真を撮ってあげる人は、友だちが増えます。

37

一日一回、「気持ちいい」と言おう。

美容院でマッサージをしてもらった時、「ありがとう」は誰でも言います。「気持ちいい」と言われると、マッサージをしている人はうれしい。「気持ちいい」というのは、自分の気持ちの表現です。自分の気持ちを自己開示していける人が、愛されます。

38

一日一回、「うれしい」と言おう。

プレゼントをもらった時、「ありがとう」とつい言ってしまいます。「ありがとう」は、会話を終了させる上から目線の言葉です。プレゼントをした側は、「うれしい」と言われると、うれしくなります。「ありがとう」を、気持ちの言葉に置き換えましょう。

39

一日一回、「おいしい」と言おう。

料理を作ってもらった時、「おいしく、できている」はほめ言葉ではありません。評価する言葉に、相手に伝わります。「おいしい」は、自分の評価ではなく、気持ちの言葉です。相手が求めているのは、評価ではなく、気持ちなのです。

40

一日一回、本を1ページ読もう。

僕の父親は、毎晩、ベロベロに酔っ払っていました。ベロベロでも、本を読んで、寝ていました。本をまったく読まない人と、本を1ページでも読む人に分かれています。1ページでも本を読む人は、自分の世界が広がります。

41

一日一回、アイコンタクトしよう。

便利な時代は、アイコンタクトをしなくても、生活に不具合がありません。アイコンタクトをしなくなると、アイコンタクトすることが、恥ずかしくなります。アイコンタクトは、見ることではありません。相手を受け入れるのが、アイコンタクトなのです。

42

一日一回、名前を聞こう。

名前を聞かない人は、モノと関係があればいいのです。名前を聞く人は、その人から、買いたい人です。人間関係は、名前を聞くことから、始まります。相手をほめた後で、名前を聞くのが、教えてもらえるコツです。

43

一日一回、**フルネーム**で名乗ろう。

就活する人は、面接で、自分の名前を言う時、かみます。自分の名前をフルネームで言う習慣がないのです。自分が名乗らなくても通じる、知っている人とだけ、つきあっているのです。「オレだけど」になれている人は、新しい出会いを失っていきます。

44

一日一回、自然の音を聴こう。

どんな都会の中でも、自然の音は溢れています。風の音、雨の音、鳥の声。自然の音がある所とない所があるのではありません。自然の音に、気づく人と気づかない人がいるだけです。

45

一日一回、驚こう。

喜怒哀楽の感情の種は、「驚き」です。「驚き」の少ない人は、表情がなくなっていきます。「驚き」の少ない人は、驚くことは、良くないことだと恐れています。小さなことで驚くことで、日常生活が、楽しくなるのです。

46

一日一回、教えてもらおう。

大人になると、教えてもらうと、「負けた」と感じてしまいます。教えてもらうことは、「負け」ではありません。「わからないので、教えて下さい」と言える人に、器の大きさを感じます。教えてもらう人が、愛されるのです。

47

一日一回、「用のない連絡」をしよう。

連絡は、「用のない時」のほうが、うれしい。「用がないと、連絡してはいけない」のではありません。用がある時だけ連絡されると、利用されている気分になります。用がない時、連絡するのが、友だちなのです。

48

一日一回、手書きしよう。

デジタル時代になると、手書きをしなくても、すみます。便利な時代は、手書きをする能力を衰えさせます。手は、動かすことのできる脳です。手で書きながら、考えることができるのです。

49

一日一回、
助けて
もらおう。

　大人になると、助ける側ばかりに、回ろうとします。「助けられる側」に、負けた感を感じてしまうのです。助けたり、助けられたりしながら、人とのつながりが生まれます。助けた人に、愛情を感じるのです。

50

一日一回、見返りを捨てよう。

報酬や他者承認といった見返りを求めることから、ストレスは生まれます。「せっかく、してあげたのに」とイラッとするのは、見返りを求めるからです。見返りは、自分で操作することはできません。してあげること自体に、幸せを感じることで、見返りは手放せます。

一日一回

51

一日一回、
断られよう。

「断られること」を恐れていると、頼んでみることができなくなります。「合格率が、B判定だったから、受験しなかった」という受験生が増えています。デジタル社会は、断られることを、事前に避けることができる社会です。「ダメモト」でできる人は、明るく断られることが、できるようになります。

52

一日一回、許そう。

イライラしている人は、「許せないこと」に怒っています。誰かを許すことは、自分自身を許すことです。誰かを許さないことで、自分自身にイラッとしています。誰かを許しながら、自分自身を許してあげましょう。

53

一日一回、自分をほめよう。

誰かをほめない人は、点数をつけています。そうする人は、自分も誰かに採点されていると、不安になります。自分で自分をほめることは、誰もほめてくれなくてもできます。自分の小さなことをほめることで、自己肯定感が上がっていきます。

54

一日一回、「理由なくゴキゲン」になろう。

ゴキゲンな人は、いいことがなくても、ゴキゲンです。フキゲンは人は、いいことがあったら、ゴキゲンになろうと考えています。いいことは、ゴキゲンな人に起こります。ゴキゲンでいるから、いいことが起こるのです。

55

一日一回、
人と違うもの
を選ぼう。

忖度して生きていると、上司が選んだものを「私も同じのを」と選びます。部下が自分と違うものを選ぶと、「オレにさからうのか」とにらみます。女性に愛される人は、女性が選んだものと違うものを選びます。人と同じ物を選んでいると、自分の好きなものが、わからなくなってしまいます。

56

一日一回、「いい知らせ」を伝言しよう。

「悪い知らせ」は、誰かに伝えたくなります。デジタル上で、誹謗中傷が多いのは、この心理からです。そんな時代だからこそ、「いい知らせ」を伝言しましょう。「○○さんが、あなたのことをベタほめしてました」と伝えてあげましょう。

57

一日一回、敬語で話そう。

敬語で話すということは、尊敬する人と会っているということです。敬語で話さないということは、尊敬する人と会っていないということです。尊敬する人と会うのは、緊張します。緊張しても、尊敬する人と会っていくことで、成長できるのです。

58

一日一回、「天国の人」を思い出そう。

「お墓参りに、なかなか行けない」と、気にしなくて大丈夫です。「天国の人を、思い出している」ということで、天国の人は気づいてくれます。お墓参りだけが、思い出すことではありません。親孝行は、両親が天国に行ってからも、できるのです。

59

一日一回、しみじみ幸せを感じよう。

「幸運」は、ラッキーなことに、「よっしゃー」とガッツポーズをすることです。「幸せ」は、ラッキーなことがなくても、感じることができます。ガッツポーズではなく、しみじみ感じることができます。「幸運」よりも、しみじみとした「幸せ」を味わいましょう。

60

一日一回、ハイタッチしよう。

ハイタッチは、誰かの幸せへの「やったね」という称賛です。ハイタッチをするには、相手の目を見て、相手を受け入れないとできません。誰かの幸せに、「チェッ」と思っていると、ハイタッチはできません。ハイタッチをすることで、運のおすそ分けをしてもらえるのです。

61

一日一回、「かげほめ」をしよう。

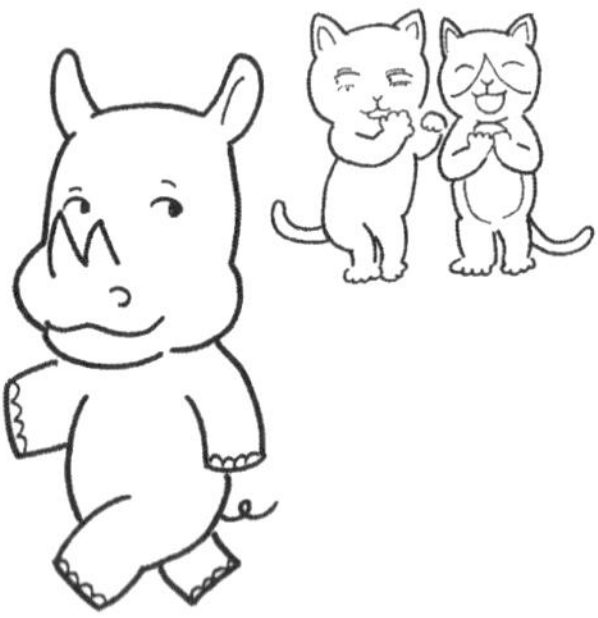

本人に会わなくても、ほめることができます。「あの人は、凄い」と、その場にいない人をほめるのが、かげほめです。かげほめすると、目の前の人も、ハッピーになります。「かげほめ」も「かげけなし」も、どちらもすぐ本人に伝わります。

62

一日一回、「面白い」と言おう。

「理解できない趣味」をしている人がいます。「理由《わけ》がわからない趣味」を理解しなくてもいいのです。「理由《わけ》がわからない」ものも、「なんかわからないけど、面白い」と言えます。その趣味が理解できなくても、それをしている相手は「面白い」のです。

63

一日一回、「楽しい」と言おう。

「知識がないから、楽しめない」と諦めなくて、大丈夫です。サッカーのルールを知らなくても、楽しめます。盛り上がっている人と一緒にいるだけで、楽しい気分になります。

64

一日一回、小さな工夫をしよう。

工夫のできないものはありません。工夫した後に、「もっと、こうしたら、どうなるの」というのが、工夫です。工夫は、単数形ではなく、工夫sという複数形です。工夫できなそうなものに工夫する時、幸福感を感じます。

65

一日一回、弱音を吐こう。

「弱音を吐いてはいけない」と言われると、しんどくなります。ある一流選手が弱音を吐いた時、一流のコーチが言いました。「やっと、弱音を吐けるまでに、成長したね」。メンタル力が強いから、弱音を吐けるのです。明るく弱音を、吐きましょう。

中学1年生の時、弁論部の顧問の先生に挨拶したら、こう言われました。「一旦止まって、足を揃えて、お辞儀をしなさい」。大人になると、お辞儀をされる側になって、する側にならなくなります。足を揃えて、お辞儀をすることで、体と心が整います。

66

一日一回、足を揃えて、お辞儀をしよう。

67

一日一回、知識をシェアしよう。

外国人の先生は、「教えます」と言わずに、「シェアします」と言います。自分の知っている知識を「共有」するという意味です。「教える」は上下関係ですが、「シェア」は対等です。シェアすることで、相手からも、知識が入ってくるのです。

68

一日一回、席を譲ろう。

席を譲るのは、お年寄りだけではありません。席が離れ離れになったカップルに、席を替わってあげる。子供に、窓際の席を替わってあげる。混んできたお店で、席を動いてあげる人は、お店から愛されます。

69

一日一回、手を合わせよう。

手を合わせるのは、神仏だけではありません。銀座・壹番館洋服店の渡辺新さんは、出会ったお客様に手を合わせます。手を合わせるとは、お願いすることではありません。感謝の気持ちなのです。

70

一日一回、水を見よう。

僕たちは、水から生まれてきました。地球上に生命が生まれた時も、母親の羊水の中にいた時も。水は、どんな形にも、寄り添います。水は、どんなモヤモヤも、流してくれます。

71

一日一回、
10歳になろう。

10歳は、子供と大人の間です。子供は、大人の感覚を持つことが大事です。大人は、子供の感覚を持つことが大事です。子供と大人の両方の感覚を持つ、最強の10歳になりましょう。

72

一日一回、電話をかけよう。

電話をかけることが、めっぽう減りました。電話をかけることが、下手になりました。電話を受けることも、下手になりました。そんな時代だからこそ、アナログの電話をもらうとうれしいです。

73

一日一回、
物を1個、
減らそう。

物は、どんどん増えていきます。意識しないと、減ることはありません。物が増えても、幸せになりません。物を減らすことで、本当に大切な物に気づけます。

74

一日一回、カバンの中を、全部出そう。

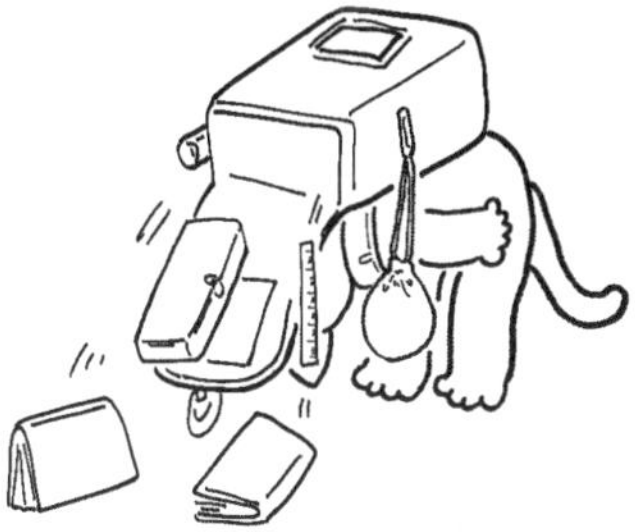

小学生の時、家に帰ったら、ランドセルの中の物を全部出していました。それが、忘れ物を無くす方法でした。カバンの中を全部出すと、要らないものを持ち歩いていることに気づきます。人生も、要らないものを持ち歩くことで、しんどくなっているのです。

75

一日一回、
1か所、掃除しよう。

掃除のコツは、気合を入れすぎないことです。気合を入れるから、「明日にしよう」「年末にしよう」となってしまうのです。1か所だけで、大丈夫です。はがき大の大きさの掃除だけでも、いいのです。

76

一日一回、ゴミ箱をキレイにしよう。

ゴミ箱をキレイにすると、部屋がキレイになります。ゴミ箱をキレイにするには、ゴミ箱を毎日、空にすることです。「まだ、入るから」と放置することで、散らかります。ゴミ箱が空になると、部屋のスペースが生まれます。

77 一日一回、直感で選ぼう。

人は、情報を得ることで、野性の知は退化しました。野性は、動物的な直感を持っています。災害時に命を守るのも、野性的な直感です。「おいしいお店」を、ネット情報ではなく、自分の直感で選びましょう。

78

一日一回、「いい子」をお休みしよう。

「いい子」でいることも、大切です。「いい子」を続けていると、ストレスが溜まります。ストレスが溜まると、陰で「悪い子」に転んでしまいます。「いい子」をお休みする瞬間がある人のほうが、本当の「いい子」になれます。

79

一日一回、外国人になろう。

外国人の観光客の人は、近所の写真を撮っています。毎日見ている近所の素晴らしさは、住んでいる人間は、気づかないのです。外国人の観光客になった気分で、近所を歩いて見ましょう。近所の貴重なものに、気づけます。

80

一日一回、お福分けしよう。

目下の人に分けるのが「おすそ分け」です。目上の人には、「お福分け」です。物を分けるのではなく、福を分けるのです。「分けるほどの量はないから」と、気にしなくて大丈夫。少なくても、福を分ける気持ちが大事なのです。

81

一日一回、1個漢字を覚えよう。

デジタルの変換になると、漢字がどんどん思い出せなくなります。選ぶことはできても、自分力で書けないのは、識字力の低下です。漢字は、一文字に物語が宿っています。漢字を一文字覚えることで、物語を一つ、手に入れることができるのです。

82

一日一回、家のまわりを「ブラブラ」しよう。

旅行は、目的地に行くことです。旅は、プロセスを楽しむことです。旅に、時間もお金も要りません。旅とは、ブラブラすることです。近所をブラブラするのが、究極の旅です。

83

一日一回、
月を見よう。

月は、毎日、出ています。月は、毎日、猛烈なスピードで、形を変えています。月が美しいのは、満月だけではありません。出る場所も時間も変わる月を見つけることが、楽しみになります。

84

一日一回、誰かを応援しよう。

テレビでスポーツ番組が映ると、つい誰かを応援してしまいます。縁もゆかりもない人なのに、応援してしまいます。自分が頑張っている人は、誰かを応援したくなります。応援しているのは、自分自身の背中なのです。

85

一日一回、和のメニューを食べよう。

イライラしたら、和のメニューが足りていないのが原因です。「ヘルシーな食事」に、ガマンは要りません。毎日の食事に、和のメニューを足すだけで、ヘルシーになります。お味噌汁、冷奴、納豆、枝豆など、和食を一品加えるだけでヘルシーです。

86

一日一回、鏡を見よう。

美男美女であることより、清潔感がある人が、愛されます。清潔感をつけるには、鏡を持つことです。小さな手鏡より、大きく映る鏡を持つことです。鏡を見るとは、自分自身を見つめるということでもあります。

87

一日一回、自分の写真を撮ろう。

自撮り写真を活かすには、写真で自分をチェックすることです。写真は、忖度してくれません。写真に撮ると、姿勢の悪さに気付かされます。「あっ、こんな所にシミが」と、気づくことができます。

88

一日一回、「今日のうれしいこと」を思い出そう。

「いやなこと」は、思い出そうとしなくても、思い出されます。「うれしいこと」は、意識することで、思い出されます。「うれしいこと」を一つ思い出すと、次々と思い出されてきます。そうすることで、「今日も、なかなか悪い日ではなかった」と思えます。

89

一日一回、回り道をしよう。

料理も、人も、味は「回り道」から生まれます。最短コースを取ると、効率はいいけど、味は生まれません。近道からは、深みは出ません。結果としての回り道も、あえての回り道も、どちらも楽しめます。

90

一日一回、ムダなことをしよう。

豊かさは、「ムダなこと」から生まれます。節約しても、お金は残ってリッチにはなりますが、豊かにはなれません。豊かさは、金額ではなく、心の中にあります。「ああ、ムダなことになった」という時は、「豊かになった」と思えばいいのです。

91

一日一回、お手伝いをしよう。

「全部やってあげる」のは、簡単です。「全部やってもらう」のも、簡単です。「お手伝いする」というのは、「全部やってあげる」より高度な技が要ります。「お手伝いできることがあったら」では、お手伝いはできません。「お手伝いすること」は、自分で見つけないといけないのです。

92

一日一回、相手の名前を呼ぼう。

相手の名前を呼ばなくても、不具合はありません。「すいません」で、片付いてしまいますが、関係は生まれません。自分が名前を呼ばれるとうれしいように、相手も名前を呼んでもらうとうれしい。ニックネームでいいので、「君」ではなく、名前で呼ぶことで愛が生まれます。

93

一日一回、
味変しよう。

　どんなにおいしいものでも、食べ続けていると、飽きます。味変することで、味覚が蘇ります。おいしいのは、最初のひとくちです。味変することで、新たなおいしさにも気づくことができます。

94

一日一回、先に行って待とう。

待っている人と、遅れてくる人は決まっています。待っている人はいつも待ち、遅れてくる人はいつも遅れています。遅れてくる人は、待つのが寂しので、無意識のうちにわざと遅れます。待っている人は、待つ楽しみを知っています。

95

一日一回、器を見よう。

本家のおじさんの家で、お茶を出されました。すぐ飲むと、「器を、見なさい」と言われました。おいしそうなものを見ると、つい器を見ずに、食べてしまいます。器を見ることで、さらにおいしくなるのです。

96

一日一回、プロセスを楽しもう。

「今日も、結果が出なかった」と、凹むことはありません。結果の出ない日は、プロセスを楽しむ日です。「何を食べようか」と考えている時が、1番おいしい瞬間です。結果が出たら、「こんなもんか」と、夢から醒めてしまうのです。

97

一日一回、ゴミを持ち帰ろう。

ダンディーな藤村俊二さんは、行きつけの喫茶店で、薬を飲んでいました。飲んだ薬の袋が、残っていたことは、一度もなかったそうです。かと思うと、買っていないお店のゴミ箱に、ゴミを捨てる人もいます。来た時より、キレイな状態にして帰るのが、大人です。

98

一日一回、イライラしている自分に気づこう。

イライラすることは、毎日起こります。「今、イライラしているな」と気づくことで、イライラは解消し始めます。イライラしている自分に気づかないと、イライラはいつまでも続きます。「今、イライラしてます」と、声に出して言える人は、イライラしていません。

99

一日一回、アポを入れよう。

「まだ、その日の予定がわからないので」と、アポを入れない人がいます。わからないけど、アポを入れる人がいます。アポを入れない人は予定が入りません。アポを入れた人は予定が入り、アポは、まず神様に入れると、神様が調整してくれるのです。

100

一日一回、小さな約束を果たそう。

信頼は、小さな約束を実行することから生まれます。大きな約束は覚えていますが、小さな約束は忘れがちです。小さな約束ほど、相手は覚えています。小さな約束ほど、実行すると、覚えていてくれたことに感動するのです。

101

一日一回、**靴**を揃えよう。

帰って来た時は、誰でも疲れています。靴を揃えて脱ぐ余裕はありません。そのまま寝てしまうか、ひと心地ついてから、靴を揃えるかの差です。出かける時、揃った靴を玄関で見ることができたら、いい日になります。

102

一日一回、アドバイスをもらおう。

アドバイスは、するのは好きですが、されるのはうっとうしいものです。違う価値観からされるので、受け入れがたい。自分でも、わかっていることなら、なおさらカチンと来ます。アドバイスをもらう余裕があることで、アドバイスに感謝できるようになります。

103

一日一回、アドバイスを実行しよう。

「面白い本は、ありますか」と聞いていながら、読まない人もいます。早速読んで、感想をくれる人もいます。アドバイスをしてもらう人は、またアドバイスしてもらえるので、成長します。アドバイスを、すぐ実行する人が、アドバイスしてあげたい人になります。

104

一日一回、生野菜を食べよう。

ヘルシーな食生活をしている人は、生野菜を食べています。生野菜を、毎日食べている人と、食べていない人で、くっきりわかれます。どうしても、熱を加えたり、加工した野菜に偏りがちです。生野菜を食べる人は、他の食材も、こだわるようになります。

105

一日一回、理想を語ろう。

「所詮、理想でしょ。現実は、厳しいから」と言う人がいます。どうせ現実は厳しいから、理想くらい語らないと、切なくなります。理想を語らなくなったら、目標がなくなります。妥協はしても、理想を失わないことです。

106

一日一回、
10まで
呼吸の数を
数えよう。

子供の頃、お風呂でよく「10まで、数えなさい」と言われました。仏教で、息の数を数える「数息《すうそく》観」という修行があります。意外に難しい。雑念が湧いて、いくつだったか、わからなくなります。10まで間違えずに呼吸を数えることで、ザワザワが落ち着きます。

107

一日一回、
問題をもらおう。

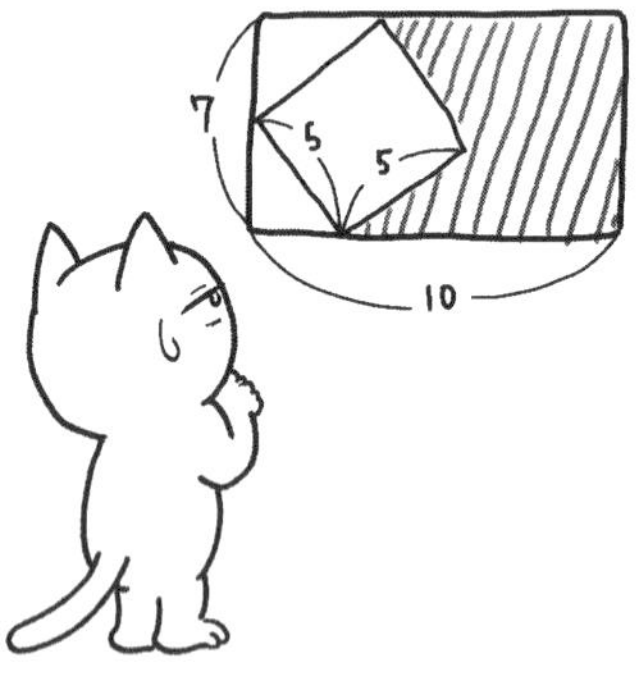

大人は、問題を出すのが好きですが、出されるのは嫌いです。問題よりも、答えを探してしまいます。「なんでだろう」と考えるより、「正解は、これ」というのが好きです。自分で考えるのが好きな人は、答えより、問題が好きです。

108

一日一回、火を見つめよう。

ご先祖様が、洞窟で暮らしていた頃、火は安心の象徴でした。火を囲んで、家族と、無事でいることの幸せを感じていました。ハリウッドの恋愛映画では、暖炉の火を見ながら、恋人同士が愛を告白します。火を見つめることで、幸せと愛を感じることができるのです。

109

一日一回、ショーウインドウを見よう。

子供の頃、商店街で育ちました。ショーウインドウは、季節を先取りして、最新の流行も、感じることができました。ショーウインドウを見ることで、明るい未来を見ることができました。

110

一日一回、違う姿勢になろう。

仕事をしていても、テレビを見ていても、同じ姿勢を続けています。同じ姿勢を続けていると、元気がなくなります。子供が元気なのは、同じ姿勢でいることができないからです。姿勢を変えることを意識することで、元気が湧いてきます。

111

一日一回、苦手な人に挨拶しよう。

好きな人に挨拶はしても、苦手な人に挨拶は避けがちです。苦手な人にかぎって、またよく会います。苦手な人を見つけて、挨拶しないで隠れると、その日が嫌な日になります。苦手な人に、挨拶できた日は、意外に晴れやかな一日になります。

112

一日一回、湯船につかろう。

アスリートが、海外遠征で、バスタブのあるホテルに泊まると、勝てるそうです。お風呂は、体を洗うだけなら、シャワーだけでいい。湯船は、体を温めるだけでなく、心もほぐしてくれるのです。シャワーだけで済ませたい疲れた日ほど、湯船に入ったほうがいい日です。

113

一日一回、流れ星を見よう。

地球に降り注ぐ流れ星は、一日に２兆個もあるそうです。回りが明るくて、見えにくいだけです。流れ星が来た時、願い事を言うと叶うというのは、すぐ言えるからです。流れ星が来てから考えているようでは、いつも考えていないということです。

114

一日一回、顔を一人覚えよう。

大阪では、顔を覚えていて、「奥さん」「おっちゃん」という風に呼びかけます。名前を聞いたことがなくても、顔で覚えています。記憶力がないから、顔を覚えられないのではありません。顔を覚えるコツは、覚えようとしていることです。

115

一日一回、テーブルを拭こう。

スナックの息子の僕は、今でも、テーブルを拭くのが、職業病になっています。カフェで帰る時は、グラスの水滴の輪っかを拭いて帰ります。後から来た人が、快適になるようにです。常にテーブルを快適に保つというのが、スナックの我が家の家訓です。

116

一日一回、「勝ち目のない勝負」を挑もう。

大人になると、負ける試合をしなくなります。最初から、勝てないと見抜けるようになるからです。勝てる相手とばかり試合をしていると、強くなれません。勝てないことがわかっている格上に挑むことで、強くなれるのです。

117

一日一回、お線香を焚こう。

朝起きたら、お線香を焚くのが、ルーティンになっています。お線香の香りで、目覚めるモードになります。香りを嗅ぐことで、五感が研ぎ澄まされます。香りを嗅ぐことで、集中力がで生まれます。

118

一日一回、正座しよう。

小学1年生から、6年間、毎週、お習字を習っていました。良かったことは、正座が平気になったことです。畳の部屋が減って、正座の機会が減りました。ゴソゴソできない正座は、心も落ち着かされます。

119

一日一回、お参りしよう。

近くに神社があるので、毎日、お参りをしています。雨の日も言い訳できないので、運動不足の解消になっています。小さいお地蔵さんでも、よそのお墓でも、お参りすることです。あっちでは、全部つながってますから。

120

一日一回、損をしよう。

得ばかりをしているのは、品がありません。たまには、損をしておかないと、得も増えません。損は、運の貯金です。損をしたら、「また、運の貯金が増えた」と微笑みましょう。

121

一日一回、
ストレッチしよう。

何もしないでいると、体はどんどん縮んでいきます。固定電話のコードも、いつのまにか、同じ方向にぐるぐる回っています。難しいストレッチをしなくても、大丈夫です。背伸びをするだけでも、気持ちいいのです。

122

一日一回、「よくあることです」と言おう。

想定外のことが起こると、「ありえない」とつぶやいてしまいます。「ありえない」ことは、ひとつもありません。「ありえない」ということで、イラッとしてしまいます。「よくあること」ということで、イライラは解消します。

123

一日一回、「分不相応なこと」をしよう。

「分相応なこと」ばかりをしていたのでは、緊張感もなく、成長もしません。たまには、「分不相応なこと」をすることで、ドキドキします。「不相応なこと」は、お金だけでなく、心の背伸びでもあります。分不相応なことをすることで、背は伸びていきます。

124

一日一回、
列に並ぼう。

便利な時代になると、並ぶのが、めんどくさくなります。行列のラーメン屋さんは、並ぶことで、ますますおいしく感じられます。並ぶことも、味の一つなのです。ラーメン屋さんに一緒に並ぶことができたら、つきあうことになります。

125

一日一回、ハズレを引こう。

全部あたりのくじ引きは、ドキドキしません。ハズレがあるから、当たった時に、感激するのです。ハズレを引いた人が、大爆笑しているのは、当たりを予感しているからです。だから、当たった人より、ハズレた人のほうが、ワクワクしているのです。

126

一日一回、ハグれよう。

一日一回

大勢で２次会に移動している時、奥田瑛二さんが僕の腕を引っ張りました。「ハグれるぞ」と、まるでドラマのワンシーンでした。大勢からハグれた所から、冒険が始まります。奥田さんのセクシーさは、ハグれるところにあります。

127

一日一回、「すぐ結果が出ないこと」を始めよう。

タイパ重視の時代は、「すぐ結果が出ること」を優先しがちです。短期決戦を、求めがちです。僕は、長期戦が好きです。長期戦に持ち込んだら、こっちのものです。

128

一日一回、見つめよう。

「見ること」は、誰でもできます。「見つめること」は、焦るとできません。一瞬見ているだけでは見えないものが、見つめていると見えてきます。あと10秒、見続けてみましょう。

129

一日一回、新人さんをほめよう。

少子化の人手不足で、どこのお店も、新人さんが多い。新人さんは、不慣れで、上司からもお客さんからも、怒鳴られています。不慣れな新人さんに当たったとしても、イラッとしないことです。「不慣れなのに、頑張ってるな。頑張れ」と練習台になってあげることです。

130

一日一回、よだれを垂らそう。

よだれが出るのは、集中力のある証拠です。赤ちゃんがよだれを垂らしているのは、集中しているからです。大人は、よだれを垂らさないのではなく、垂らせなくなっているのです。よだれが出るくらい集中しましょう。

一日一回

131

一日一回、恥をかかせないようにしよう。

マナーとは、恥をかかないためにするのではありません。相手に、恥をかかせないようにするのが、マナーです。相手がマナー的にまちがったことをしても、訂正しないことです。正しさより、優しさを優先するのが、マナーです。

132

一日一回、1品自炊をしよう。

自粛期間中に、自炊生活に入りました。そのおかげで、薄味になりました。自炊といっても、難しいことをしなくて大丈夫です。インスタントラーメンに、炒めたもやしを入れたら、立派な自炊の始まりです。

133

一日一回、小さな修理をしよう。

毎日、何かが壊れます。壊れたら、修理して、仲良くなるチャンスです。物が壊れた時、修理に持っていくと「買ったほうが、安いですよ」と言われます。高くても、修理することで、愛着が湧いてきます。最高の宝物は、新品より、修理して使い続けたものです。

134

一日一回、「頼まれてないこと」をしよう。

お店に行ったら、もっと愛されるお店にする方法を、考えてしまいます。頼まれていないのに、です。サービス業の家に生まれた稼業としての職業病です。頼まれてないのにするのが、サービス精神です。

135

一日一回、
「気づかれない」
徳を積もう。

せっかく人のためにしているのに、気づかれないことがあります。気づかれたら、得です。気づかれないのが、徳です。「陰徳を積む」と言いますが、徳はそもそも気づかれないから、いいのです。

136

一日一回、「幸せにするウソ」をつこう。

ウソには、「相手を幸せにするウソ」と「相手を幸せにしないウソ」があります。正直に言うことは、「自分が嘘つきになりたくない」と自分を守るためです。初めてでなくても、「初めてです」ということで、相手を幸せにできます。相手を幸せにするウソつきに、なりましょう。

137

一日一回、遠くの景色を見よう。

きっと「あそこにあんな建物があった」「あんな山が、あった」と気づきます。いつのまにか、遠くの景色を見ることを、忘れてしまいます。近くを見ていると、視野が狭くなって、余裕がなくなります。遠くの景色を見ると、視野が広くなって、余裕が生まれます。

138

一日一回、映像を読もう。

映像があふれる時代になると、映像の読解力が求められます。この映像の中から、隠れた意味を読み取る能力が求められます。映像は、言葉で説明してもらえません。映像から、言葉で説明されない意味を、読み取る映像読解力を磨きましょう。

139

一日一回、「なんとか」しよう。

毎日、小さなことで、追い詰められます。「もう、終わった」と感じるところは、本当の終わりではありません。「もう、終わった」と感じるところで、「なんとか」することができます。「もう、終わった」と感じるところが、スタートなのです。

140

一日一回、イラッとしよう。

毎日、イラッとすることがあります。イラッとすることは、悪いことではありません。イラッとすることは、アイデアの源泉です。多くの人が感じている「イラッ」をどうしたらなくせるかを考えるのです。

141

一日一回、メモしよう。

「今、思いついたこと」は、一瞬で忘れます。すぐメモすることは、ヒラメキへの礼儀です。ヒラメキのある人とない人がいるのではありません。メモする人としない人がいるのです。

142

一日一回、ずうずうしくしよう。

たまたま知り合いを見つけた時、声をかけるのを遠慮してしまいます。「ご迷惑ではないか」と考えてしまうのです。逆の立場だったら、「声をかけてくれればよかったのに」と思います。礼儀正しく、ずうずうしい人が、愛されます。

143

一日一回、甘えよう。

「自分は、誰にも甘えていない」という人は、傲慢になります。「いつも、甘えてばっかりだな」と感じる人は、まわりの人にも寛大になれます。甘えないで生きている人は、一人もいません。甘えたり、甘えられたりすることで、生きているのです。

144

一日一回、知らない人のことを考えよう。

誰でも、自分のことと、知ってる人のことは考えます。遠くの国で戦争や災害があっても、ピンと来ないのは、知らない人だからです。ニュースを見ないという人は、知らない人に関心がないからです。知らない人ではなく、関係があるのに、気づいていない人なのです。

145

一日一回、地球のことを考えよう。

両親のことは、考えます。おじいちゃん・おばあちゃんのことは考えます。人類は、元をたどれば、地球の物質から生まれています。地球の健康を考えるのは、おじいちゃん・おばあちゃんの健康を考えることと同じです。

146

一日一回、インプットをしよう。

ＳＮＳは、アウトプットを簡単にできる時代です。アウトプットが増えて、インプットが減ってしまいます。インプットが減って、アウトプット過多になると、中身が薄まります。ＳＮＳ時代は、インプットの量で、差がつきます。

147 一日一回、体重計に乗ろう。

体重計に乗って、毎日の体重の変化を記録するだけでいい。少し増えていると「おとといのあれかな」と、思い当たる節に気づけます。「明日は、少しセーブしよう」と抑止力になります。多い時に、記録をパスしなければ、大丈夫です。

148

一日一回、「何もなかったこと」に感謝しよう。

何かいいことがあったから、感謝するのではありません。「何もない」ということは、幸せなことです。何かがあった時、何もないことのありがたみに気づけます。何かがあったら、うれしい。何もなかったら、うれしい。

149

一日一回、きちんとした服に着替えよう。

在宅勤務が増えると、着替えなくなります。1日中、パジャマで過ごすと、気分の切り替えができません。出かけない時こそ、きちんとした服に着替えましょう。着替えることで、時間にメリハリが生まれます。

150

一日一回、拍手をしよう。

拍手をすると、その場の空気に波動が生まれます。拍手をされている人だけでなく、拍手をしている人も、元気が出ます。拍手は、柏手と同じです。拍手は、心を清めてくれるのです。

151

一日一回、
1分間、
目を閉じよう。

僕たちは、1日中、情報にさらされています。膨大な情報が、目から入ってきて、脳が整理整頓している暇がありません。目を閉じることで、情報を遮断することができます。その間に、脳の中が、整理整頓されます。

152

一日一回、エコヒイキしよう。

好き嫌いは、なくさないていい。そのかわり、好きな人には、徹底的に優しくしましょう。エコヒイキするには、考えなくてはなりません。エコヒイキできない人は、優しくもできないのです。

153

一日一回、尊敬する人を思い浮かべよう。

追い詰められた時、「自分の尊敬する人なら、どうするか」考えよう。「あの人なら、きっとこうする」という選択肢が生まれます。選択肢が生まれることで、心に余裕が出ます。尊敬する人が、笑っているところを、思い浮かべましょう。

154

一日一回、靴紐をほどこう。

靴紐は、ほどかなくても、ぎりぎり脱ぐことも、ぎりぎり履くこともできます。西洋人にとっての靴紐は、日本人にとっての帯のようなものです。帰ったら靴紐をほどくことで、履く時に締め直すことになります。靴紐を締めながら、心を締め直しているのです。

155

一日一回、ランダムに連絡しよう。

思い出そうとすると、ランダムでなくなります。くじ引き式に選ぶと、「あれ、なんで、連絡してなかったんだろう」と感じます。忘れているのではなく、忘れていることを忘れているだけです。言い訳は無用。「ごぶさたしてます」で、始めればOKです。

156

一日一回、逆の手でカバンを持とう。

カバンを持つ手は、決まっています。同じ方向ばかりで持っていると、反対側の手が寂しがります。ふだん使っていない側の手も、使ってあげましょう。いつもとは違う感覚が、目覚めます。

157

一日一回、辞書を引こう。

無人島に一冊持って行く本は、僕は紙の辞書です。わからない字を調べようとして辞書を開くと、別の字が目に入ります。あまりに面白すぎて、調べようとした字を見るのを忘れてしまいます。寄り道の誘惑をされるのが、紙の辞書の醍醐味です。

158

一日一回、価値観のまったく違う人と話そう。

イライラするのは、相手と価値観が違うからです。価値観は、全員違います。イライラするのは、ふだん価値観が同じ人とばかり一緒にいるからです。価値観が違う人と会って、価値観違いの免疫力をつけると、イライラしません。

159

一日一回、フルスイングしよう。

無難を目指していくと、フルスイングをしなくなります。ハーフスイングばかりしていると、フルスイングができなくなります。無難なほうを選んでも、うまくいくとはかぎりません。無難なほうを選んで外すと、ショックはさらに大きくなります。

160

一日一回、ペティーナイフを持とう。

料理を自分でできるかどうかは、包丁と友だちになれるかどうかが境目です。フルーツをカットできるようになれば、立派な料理です。いきなり大きな出刃包丁を持つより、ペティーナイフになれることです。ペティーナイフが、体の一部になってくれます。

161

一日一回、3分間、話を聴いてあげる。

誰でも、自分の話を聞いてもらいたいものです。その反面、相手の話を聞くのは、忍耐力がいることです。話を聞いてくれた人を、好きになります。3分でいいので、話を聞いてあげるだけで、仲良くなれます。

162

一日一回、オノマトペを使う。

オノマトペは、聞く人にも、話す人にも、五感を刺激します。感受性が鈍ってくると、オノマトペが使えなくなります。意識して、オノマトペを使うことで、五感が活性化します。オノマトペを使うことで、直感力が磨かれていきます。

163

一日一回、生き物に触る。

スキンシップは、心を癒やしてくれます。スキンシップがなくなると、接することが怖くなります。生き物は、動物でも、人間でも大丈夫です。触れることは、触れられることなのです。

164 一日一回、大事なことに、自分の締め切りを持とう。

締め切りがないと、なかなか手を付けようと思いません。急ぎのことには締め切りがありますが、大事なことには締め切りがありません。急ぎを優先して、大事なことを後回しにしてしまいます。締め切りがない大事なことは、自分で締め切りを作ることです。

165

一日一回、1行日記をつけよう。

日記をつけることで、モヤモヤを心の外に取り出すことができます。1行で、かまいません。「盛る」必要も、ありません。「今日も、曇」と天気を書くだけでも、いいのです。日記は、書くセラピーなのです。

166

一日一回、人を紹介しよう。

誰もが、「紹介してほしい」と思っています。紹介してもらうには、紹介する側に回ることです。知り合いが多いから紹介するのではありません。紹介するから、紹介される機会が増えて、知り合いが増えていくのです。

167

一日一回、自分が友だちになろう。

誰もが、「心を開ける友だちが欲しい」と言います。相手に、友だちになってもらうのではありません。自分が、相手の友だちになることです。そのために、自分から心を開いて話すことから始めましょう。

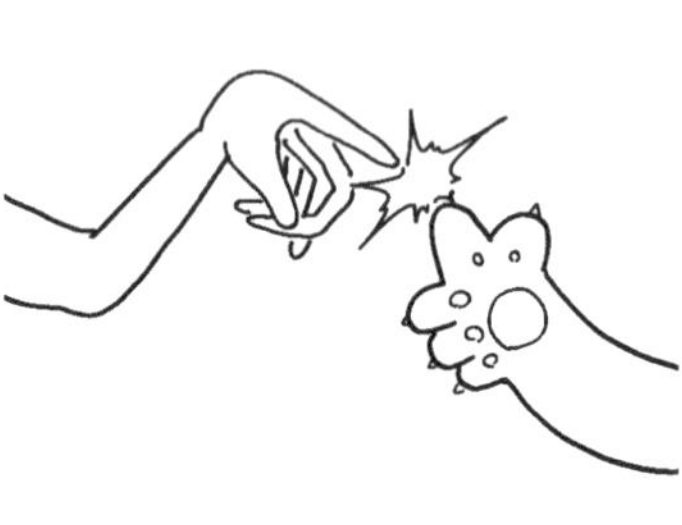

168

一日一回、さっきの会話のリプレイしよう。

さっきの自分の会話は、冷たくなかったか、振り返りましょう。「ちょっと、冷たかったな」と感じることができれば、次回から修正できます。「あの時、あとひと言、こう言ってあげると良かった」と振り返りましょう。自分の会話のリプレイができる人が、愛される会話ができる人になります。

169

一日一回、「当たり前なこと」をきちんとしよう。

「そんなことは、当たり前だね」と軽んじる人がいます。幸せになるには、特別な能力は要りません。幸せになるかどうかは、当たり前なことで、決まります。大事なのは、当たり前なことを、「きちんと」することです。

中谷彰宏　主な作品一覧

ダイヤモンド社

『60代でしなければならない50のこと』
『面接の達人 バイブル版』
『なぜあの人は感情的にならないのか』
『50代でしなければならない55のこと』
『なぜあの人の話は楽しいのか』
『なぜあの人はすぐやるのか』
『なぜあの人は逆境に強いのか』
『なぜあの人の話に納得してしまうのか[新版]』
『なぜあの人は勉強が続くのか』
『なぜあの人は仕事ができるのか』
『25歳までにしなければならない59のこと』
『なぜあの人は整理がうまいのか』
『なぜあの人はいつもやる気があるのか』
『なぜあのリーダーに人はついていくのか』
『大人のマナー』
『プラス1%の企画力』
『なぜあの人は人前で話すのがうまいのか』
『あなたが「あなた」を超えるとき』
『中谷彰宏金言集』
『こんな上司に叱られたい。』
『フォローの達人』
『「キレない力」を作る50の方法』
『女性に尊敬されるリーダーが、成功する。』
『30代で出会わなければならない50人』
『20代で出会わなければならない50人』
『就活時代しなければならない50のこと』
『あせらず、止まらず、退かず。』
『お客様を育てるサービス』
『あの人の下なら、「やる気」が出る。』
『なくてはならない人になる』
『人のために何ができるか』

『キャパのある人が、成功する。』
『時間をプレゼントする人が、成功する。』
『明日がワクワクする50の方法』
『ターニングポイントに立つ君に』
『空気を読める人が、成功する。』
『整理力を高める50の方法』
『迷いを断ち切る50の方法』
『なぜあの人は10歳若く見えるのか』
『初対面で好かれる60の話し方』
『成功体質になる50の方法』
『運が開ける接客術』
『運のいい人に好かれる50の方法』
『本番力を高める57の方法』
『運が開ける勉強法』
『バランス力のある人が、成功する。』
『ラスト3分に強くなる50の方法』
『逆転力を高める50の方法』
『最初の3年 その他大勢から抜け出す50の方法』
『ドタン場に強くなる50の方法』
『アイデアが止まらなくなる50の方法』
『思い出した夢は、実現する。』

『メンタル力で逆転する50の方法』
『自分力を高めるヒント』
『なぜあの人はストレスに強いのか』
『面白くなければカッコよくない』
『たった一言で生まれ変わる』
『スピード自己実現』
『スピード開運術』
『スピード問題解決』
『スピード危機管理』
『一流の勉強術』
『スピード意識改革』
『お客様のファンになろう』
『20代自分らしく生きる45の方法』
『なぜあの人は問題解決がうまいのか』
『しびれるサービス』
『大人のスピード説得術』
『お客様に学ぶサービス勉強法』
『スピード人脈術』
『スピードサービス』
『スピード成功の方程式』
『スピードリーダーシップ』

『出会いにひとつのムダもない』
『なぜあの人は気がきくのか』
『お客様にしなければならない50のこと』
『大人になる前にしなければならない50のこと』
『なぜあの人はお客さんに好かれるのか』
『会社で教えてくれない50のこと』
『なぜあの人は時間を創り出せるのか』
『なぜあの人は運が強いのか』
『20代でしなければならない50のこと』
『なぜあの人はプレッシャーに強いのか』
『大学時代しなければならない50のこと』
『あなたに起こることはすべて正しい』

きずな出版

『チャンスをつかめる人のビジネスマナー』
『生きる誘惑』
『しがみつかない大人になる63の方法』
『「理不尽」が多い人ほど、強くなる。』
『グズグズしない人の61の習慣』
『イライラしない人の63の習慣』
『悩まない人の63の習慣』
『いい女は「涙を背に流し、微笑みを抱く男」とつきあう。』
『ファーストクラスに乗る人の自己投資』
『いい女は「紳士」とつきあう。』
『ファーストクラスに乗る人の発想』
『いい女は「言いなりになりたい男」とつきあう。』
『ファーストクラスに乗る人の人間関係』
『いい女は「変身させてくれる男」とつきあう。』
『ファーストクラスに乗る人の人脈』
『ファーストクラスに乗る人のお金2』
『ファーストクラスに乗る人の仕事』
『ファーストクラスに乗る人の教育』
『ファーストクラスに乗る人の勉強』
『ファーストクラスに乗る人のお金』
『ファーストクラスに乗る人のノート』
『ギリギリセーフ』

リベラル社

『好かれる人の言いかえ』

『好かれる人は話し方が9割』【文庫】
『20代をどう生きるか』
『30代をどう生きるか』【文庫】
『メンタルと体調のリセット術』
『新しい仕事術』
『哲学の話』
『1分で伝える力』
『「また会いたい」と思われる人「二度目はない」と思われる人』
『モチベーションの強化書』
『50代がもっともっと楽しくなる方法』
『40代がもっと楽しくなる方法』
『30代が楽しくなる方法』
『チャンスをつかむ 超会話術』
『自分を変える 超時間術』
『問題解決のコツ』
『リーダーの技術』
『一流の話し方』
『一流のお金の生み出し方』
『一流の思考の作り方』
『一流の時間の使い方』

PHP研究所

『自己肯定感が一瞬で上がる63の方法』【文庫】
『定年前に生まれ変わろう』
『メンタルが強くなる60のルーティン』
『中学時代にガンバれる40の言葉』
『中学時代がハッピーになる30のこと』
『もう一度会いたくなる人の聞く力』
『14歳からの人生哲学』
『受験生すぐにできる50のこと』
『高校受験すぐにできる40のこと』
『ほんのささいなことに、恋の幸せがある。』
『高校時代にしておく50のこと』
『お金持ちは、お札の向きがそろっている。』【文庫】
『仕事の極め方』
『中学時代にしておく50のこと』
『たった3分で愛される人になる』【文庫】
『「できる人」のスピード整理術』【図解】
『「できる人」の時間活用ノート』【図解】
『自分で考える人が成功する』【文庫】
『入社3年目までに勝負がつく77の法則』【文庫】

大和書房

『いい女は「ひとり時間」で磨かれる』【文庫】
『大人の男の身だしなみ』
『今日から「印象美人」』【文庫】
『いい女のしぐさ』【文庫】
『美人は、片づけから。』【文庫】
『いい女の話し方』【文庫】
『「女を楽しませる」ことが男の最高の仕事。』【文庫】
『男は女で修行する。』【文庫】

あさ出版

『うまくいかなくて、ちょうどいい。』
『孤独が人生を豊かにする』
『気まずくならない雑談力』
『「いつまでもクヨクヨしたくない」とき読む本』
『「イライラしてるな」と思ったとき読む本』
『なぜあの人は会話がつづくのか』

水王舎

『なぜ美術館に通う人は「気品」があるのか。』
『なぜあの人は「美意識」があるのか。』
『なぜあの人は「教養」があるのか。』
『結果を出す人の話し方』
『「人脈」を「お金」にかえる勉強』
『「学び」を「お金」にかえる勉強』

青春出版社

『言い換えで、人生が変わる。』
『人はマナーでつくられる』
『50代「仕事に困らない人」は見えないところで何をしているのか』
『50代でうまくいく人の無意識の習慣』
『いくつになっても「求められる人」の小さな習慣』

自由国民社

『期待より、希望を持とう。』

『不安を、ワクワクに変えよう。』
『「そのうち何か一緒に」を、卒業しよう。』
『君がイキイキしていると、僕はうれしい。』

すばる舎リンケージ

『仕事が速い人が無意識にしている工夫』
『好かれる人が無意識にしている文章の書き方』
『好かれる人が無意識にしている言葉の選び方』
『好かれる人が無意識にしている気の使い方』

日本実業出版社

『出会いに恵まれる女性がしている63のこと』
『凛とした女性がしている63のこと』
『一流の人が言わない50のこと』
『一流の男 一流の風格』

かざひの文庫

『銀座スタイル』

『本に、オトナにしてもらった。』
『そのひと手間を、誰かが見てくれている。』

河出書房新社

『一流の人は、教わり方が違う。』【新書】
『成功する人のすごいリアクション』
『成功する人は、教わり方が違う。』

現代書林

『チャンスは「ムダなこと」から生まれる。』
『お金の不安がなくなる60の方法』
『なぜあの人には「大人の色気」があるのか』

ぱる出版

『品のある稼ぎ方・使い方』
『察する人、間の悪い人。』
『選ばれる人、選ばれない人。』

エムディエヌコーポレーション

『さぁ、会社でもつくろうか』
『カッコいい大人になろう』

第三文明社

『中谷彰宏の子育てワクワク作戦』
『仕事は、最高に楽しい。』

ユサブル

『迷った時、「答え」は歴史の中にある。』
『1秒で刺さる書き方』

大和出版

『自己演出力』
『一流の準備力』

リンデン舎

『状況は、自分が思うほど悪くない。』
『速いミスは、許される。』

毎日新聞出版

『あなたのまわりに「いいこと」が起きる70の言葉』
『なぜあの人は心が折れないのか』

文芸社

『全力で、1ミリ進もう。』【文庫】
『贅沢なキスをしよう。』【文庫】

総合法令出版

『「気がきくね」と言われる人のシンプルな法則』
『伝説のホストに学ぶ82の成功法則』

アルソス
『楽しそうな大人になろう。』

東京ニュース通信社
『自分の本を出すためのバイブル』

ベースボール・マガジン社
『「生活のアスリート」になろう。』

春陽堂書店
『色気は、50歳から。』

彩流社
『40代「進化するチーム」のリーダーは部下をどう成長させているか』

学研プラス
『読む本で、人生が変わる。』

WAVE出版
『リアクションを制する者が20代を制する。』

二見書房
『「お金持ち」の時間術』【文庫】

ミライカナイ
『名前を聞く前に、キスをしよう。』

イースト・プレス
『なぜかモテる人がしている42のこと』【文庫】

中谷 彰宏

AKIHIRO NAKATANI

1959年、大阪府生まれ。早稲田大学第一文学部演劇科卒業。84年、博報堂入社。CMプランナーとして、テレビ、ラジオCMの企画、演出をする。91年、独立し、株式会社中谷彰宏事務所を設立。「中谷塾」を主宰し、全国で講演・ワークショップ活動を行っている。

中谷彰宏チャンネル
YouTube

中谷彰宏
公式サイト

「本の感想など、どんなことでも
あなたからのお手紙をお待ちしています。
僕は本気で読みます。」

中谷彰宏

〒110-0002
東京都台東区上野桜木2-16-21
株式会社かざひの文庫
編集部気付　中谷彰宏　行

※食品、現金、切手などの同封は、ご遠慮ください。

中谷彰宏　公式サイト

https://an-web.com/

中谷彰宏は、盲導犬育成事業に賛同し、この本の印税の一部を（公財）日本盲導犬協会に寄付しています。

中谷彰宏の本、好評発売中！

『そのひと手間を、誰かが見てくれている。～職人的生き方のススメ～』

定価：本体1500円+税　発行：かざひの文庫

今している仕事が面白くない、面白い仕事を探している、ワクワクする人生を見つけたい、そんな人たちへ贈る、ニューノーマル時代の仕事論と生き方論。「職人とは、職業ではなく、生き方だ。それぞれの仕事を通して、自分を、より磨いていく生き方をしているのが職人です」著者談。

『本に、オトナにしてもらった。～人生の分岐点は、本屋さんにある。～』

定価：本体1500円+税　発行：かざひの文庫

本が好きな人、本屋さんが好きな人、子供を本好きにしたい人へ贈る、著者の自伝的読書論。父からプレゼントされた『巌窟王』、挿絵にエロスを感じた『怪人二十面相』、テレビ朗読ではまった『三四郎』、病院の待合室で読んで人生を考えた『人間失格』、好きな子と話すために買った『高橋和己全集』、試験前の逃避で読んだ『檸檬』……。本の数だけ思い出がある。思い出の数だけ人生が豊かになる。

『銀座スタイル～粋人の流儀～』

定価：本体1500円+税　発行：かざひの文庫

三倍働く人が、三倍遊ぶ。銀座を知り尽くした著者が語る銀座の魅力、銀座で働く人の魅力とは。「銀座の凄さは、一流品ではない。一流品をつくり、出会わせる 一流の人だ」著者談。銀座に遊びに行きたい人、銀座で働きたい人、粋な人になりたい人へ向けた銀座指南書。銀座の職人は、粋人です。銀座の粋人と、出会う旅に、これから出かけましょう。

一日一回《いちにちいっかい》　たったこれだけで世界《せかい》が変《か》わる

中谷彰宏《なかたにあきひろ》 著

2024年12月23日　初版発行

発行者　磐﨑文彰
発行所　株式会社かざひの文庫
〒110-0002　東京都台東区上野桜木2-16-21
電話／FAX 03(6322)3231
e-mail : company@kazahinobunko.com
http://www.kazahinobunko.com

発売元　太陽出版
〒113-0033　東京都文京区本郷3-43-8-101
電話03(3814)0471　FAX 03(3814)2366
e-mail : info@taiyoshuppan.net
http://www.taiyoshuppan.net

印刷・製本　モリモト印刷

装丁　藤崎キョーコデザイン事務所
イラスト　つかもとかずき

ISBN978-4-86723-182-1